Ellen Sonntag

Was ich dir wünsche für deinen Weg

GROH

Dieses Hufeisen möchte ich
dir mit auf deinen Weg geben,
damit das Glück auf Schritt und Tritt
an deiner Seite ist.

Dich drängt es hin zu neuen Ufern?

Du möchtest deinen Horizont erweitern

und dir frischen Wind um die Nase

wehen lassen? Ich wünsche dir

Rückenwind auf deinem Weg!

Es gibt nur einen Weg, glücklich zu werden,
nämlich den, der Stimme seines Gefühls,
seines Herzens zu folgen.

LUISE VON MECKLENBURG-STRELITZ

Neues anpacken heißt häufig auch,

eingefahrene Gleise zu verlassen.

Für deine Reise durchs Leben

wünsche ich dir von Herzen alles

Gute und viel Erfolg.

Dass du den Mut hast,
etwas zu wagen, **das wünsche ich dir.**
Aber ich wünsche dir auch den Weitblick,
zu erkennen, wann es besser ist,
kein unnötiges Risiko einzugehen.

Bergweg

Wer sich zu viel auf einmal vornimmt, der wird leicht enttäuscht. Dass du deine Kräfte realistisch einschätzt, dir nicht zu viel abverlangst und auch für kleine Fortschritte dankbar bist, das wünsche ich dir.

Dass die Sonne

dein Wegbegleiter ist, das wünsche ich dir. Und wenn sie sich mal hinter Wolken versteckt, dann soll sie in deinem Herzen dennoch scheinen.

Optimisten werden jeden Abend um einen Tag reicher, Pessimisten um einen Tag ärmer.

ERNST FERSTL

Dass du dein Ziel im Auge behältst,

das wünsche ich dir.

Aber noch wichtiger ist, dass du

dabei nicht vergisst, den Weg

zu genießen. Ein offenes Herz für

die schönen Momente im Leben,

das ist mein Wunsch für dich.

Ich wünsche dir den richtigen Riecher für gute Gelegenheiten und Neugier, den Dingen auf den Grund zu gehen.

Dem wahrhaft Neugierigen erschließt sich alles, was das Leben zu bieten hat.

WILLIAM MORRIS DAVIS

Dass du offen für gute Ratschläge bist, das wünsche ich dir. Aber ich wünsche dir auch, dass du dich nicht beirren lässt, sondern weißt, was für dich das Richtige ist.

Welch eine himmlische Empfindung ist es, seinem Herzen zu folgen.

JOHANN WOLFGANG VON GOETHE

Manchmal führt kein direkter Weg zum Ziel. Dass du dann nicht ungeduldig wirst und die Umwege am Ende vielleicht sogar als Bereicherung empfindest,

das wünsche ich dir.

Ich wünsch dir gute Laune

für deinen Weg. Und für die kleinen

Tiefs wünsch ich dir viele bunte Farben,

mit denen du dir deine

Träume fantasievoll ausmalen kannst.

Die Zukunft gehört denjenigen,
die an die Schönheit ihrer Träume glauben.

ELEANOR ROOSEVELT

Siebenmeilenstiefel

wage ich dir nicht zu wünschen. Aber wenn es dir an Motivation mangelt, dann wünsche ich dir eine kreative Pause. Hinterher machst du dich mit neuem Schwung auf den Weg.

Bedenke: Ein Stück des Weges liegt hinter dir,
ein anderes Stück hast du noch vor dir.
Wenn du verweilst, dann nur, um dich zu stärken,
nicht aber, um aufzugeben.

AUGUSTINUS

Sicher erhoffst du dir manches, und vielleicht werden deine Erwartungen nicht immer erfüllt. Dann wünsche ich dir, dass du deinen Humor nicht verlierst und das Beste daraus machst.

HOTEL

Ich wünsche dir

viele nette Weggefährten.

Und wer weiß – vielleicht erwachsen

daraus sogar dauerhafte Freundschaften.

Es sind die Begegnungen mit Menschen,
die das Leben lebenswert machen.

CARL SPITTELER

Dass immer wieder

angenehme Überraschungen deinen
Weg kreuzen, sodass dir dein Weg
nie lang wird, das wünsche ich dir.

Der ganz große Wurf

ist natürlich am schönsten! Aber er gelingt selten. Dir wünsche ich, dass du nicht auf den perfekten Wurf wartest, sondern auch die kleinen Erfolge zu feiern weißt.

Wenn einer sich voller Selbstvertrauen aufmacht,
seine Träume zu verwirklichen,
wird er damit größeren Erfolg haben,
als gemeinhin angenommen.

HENRY DAVID THOREAU

Vielleicht kommen dir irgendwann
Zweifel, ob du auf dem richtigen Weg bist.
Dann wünsche ich dir, dass du auf deine
innere Stimme hörst, und es dir ehrlich
eingestehst, wenn es nötig ist, einen anderen
Weg einzuschlagen oder auch umzukehren.

Es gehört mehr Mut dazu, seine Meinung zu ändern,
als ihr treu zu bleiben.

FRIEDRICH HEBBEL

FALSCH
RICHTIG

Dass dir deine Wurzeln Halt geben
wie diesem Baum und du Kraft aus
ihnen schöpfst, wenn du sie brauchst,
das wünsche ich dir.

Die Menschen, denen wir eine Stütze sind,
die geben uns den Halt im Leben.

MARIE VON EBNER-ESCHENBACH

Dass man dich freundlich empfängt,
das wünsche ich dir. Und dort,
wo dir die Tür noch verschlossen ist,
dort wünsche ich dir, dass du mit
deinem Charme und deiner
Persönlichkeit überzeugen kannst.

VÄLKOMMEN

Wenn es mal stürmisch zugeht,

dann wünsche ich dir, dass du dir den Wind nicht aus den Segeln nehmen lässt, sondern zuversichtlich auf Erfolgskurs bleibst.

Der Gelassene nutzt seine Chance
besser als der Getriebene.

AUS CHINA

Ich wünsche dir

einen behaglichen Rückzugsort,
wo du zur Ruhe kommen und
neue Energie tanken kannst.

Dass wir in Kontakt bleiben,

egal wohin dein Weg dich führt,

das wünsche ich uns beiden.

Wahre Freundschaft rostet nicht,
auch nicht über lange Zeit und große Entfernungen.

JUDY PARKER

Ich wünsche dir,

dass du irgendwann stolz auf das zurückblicken kannst, was du erreicht hast. Mögen schöne Erinnerungen dich ein Leben lang begleiten.

Meine Wünsche für dich

In dieser Reihe sind bisher erschienen:

Was ich dir wünsche – zum Geburtstag
ISBN 978-3-86713-336-4

Was ich euch wünsche – für den Weg zu zweit
ISBN 978-3-86713-348-7

Was ich dir wünsche – gute Besserung
ISBN 978-3-86713-349-4

Was ich dir wünsche – für deinen Weg
ISBN 978-3-86713-376-0

Über die Autorin:

Ellen Sonntag, geb. 1963 in Berlin, ist Bibliothekarin mit Leib und Seele. Während ihres Erziehungsurlaubes entdeckte die dreifache Mutter ihre Freude am Schreiben. Neben ihrer Berufstätigkeit und ihrer ehrenamtlichen sozialen Tätigkeit schreibt Ellen Sonntag in ihrer Freizeit gerne Kurzgeschichten, meditative Texte und Gedichte.

Bildnachweis:

Titel, S. 3: Anyka/fotolia; S. 5: iStockphoto/iofoto; S. 7, Rückseite: iStockphoto/Chris Crafter; S. 8/9: iStockphoto/Andreas Kaspar; S. 11: Undine Witschel/fotolia; S. 13: iStockphoto/sandramo; S. 15: iStockphoto/Izabela Habur; S. 17: mauritius images/Kerstin Layer; S. 19: iStockphoto/Martin Lovatt; S. 21: Stefan Pfister/fotolia; S. 23: iStockphoto/Jurga Rubinovaite; S. 25: mauritius images/Micha Pawlitzki; S. 27/28: mauritius images/Jose Fuste Raga; S. 29: iStockphoto/agoxa; S. 31: mauritius images/Hiroshi Higuchi; S. 33: iStockphoto/Neil Pope; S. 35: iStockphoto/Douglas Freer; S. 37: Elisabeth Fuchs-Hauffen; S. 39: mauritius images/Lothar Schröter; S. 40/41: Rolf Blesch; S. 43: Ullrich-Jürgen Schönlein; S. 45: iStockphoto/Björn Kindler; S. 47: Stefano Buonamici.

Textnachweis:

Wir danken allen Autoren bzw. deren Erben, die uns freundlicherweise die Erlaubnis zum Abdruck von Texten erteilt haben.

Idee und Konzept:

Groh Verlag.

ISBN 978-3-86713-376-0

107008-4355-02

Ein Lächeln schenken

Geschenke sollen ein Lächeln auf Gesichter zaubern und die Welt für einen Moment zum Stehen bringen. Für diesen Augenblick entwickeln wir mit viel Liebe immer neue GROH-Geschenke, die berühren.

In ihrer großen Themenvielfalt und der besonderen Verbindung von Sprache und Bild bewahren sie etwas sehr Persönliches.

Den Menschen Freude zu bereiten und ein Lächeln zu schenken, das ist unser Ziel seit 1928.

Ihr

Joachim Groh

GROH